낭독하는 명작동화

Level 1

Peach Boy

✦ 복숭아 소년 ✦

새벽달(남수진) • 이현석 지음

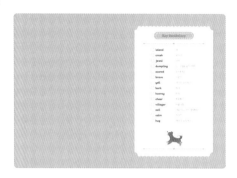

Key Vocabulary

명작동화를 읽기 전에 스토리의 **핵심 단어**를 확인해 보세요. 내가 알고 있는 단어라면 체크 표시하고, 모르는 단어는 이야기를 읽은 후에 체크 표시해 보세요.

Story

Level 1의 영어 텍스트 수준은 책의 난이도를 측정하는 레벨 지수인 **AR(Accelerated Reader) 지수 0.9~1.5 사이**로 **미국 초등학생 1학년 수준**으로 맞추고, 분량을 **500단어 내외**로 구성했습니다.

쉬운 단어와 간결한 문장으로 구성된 스토리를 그림과 함께 읽어 보세요 페이지마다 내용 이해를 돕는 그림이 있어 상상력을 풍부하게 해 주며, 이야기를 더욱 재미있게 읽을 수 있습니다.

Reading Training

이현석 선생님의 **강세와 청킹 가이드**에 맞춰 명작동화를 낭독해 보세요.

한국어 번역으로 내용을 확인하고 **우리말 낭독**을 하는 것도 좋습니다.

Storytelling

명작동화의 내용을 떠올릴 수 있는 **8개의 그림**이 준비되어 있습니다. 각 그림당 제시된 **3개의 단어**를 활용하여 이야기를 만들고 말해 보세요. 상상력과 창의력을 기르는 데 큰 도움이 될 것입니다.

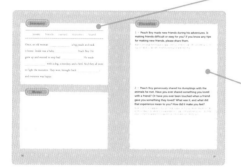

Summary

명작동화의 **줄거리 요약문**이 제시되어 있습니다. 빈칸에 들어갈 단어를 채워 보며 이야기의 내용을 다시 정리해 보세요.

Discussion

명작동화의 내용을 실생활에 응용하거나 비판적으로 생각해 볼 수 있는 **토론 질문**으로 구성했습니다. 영어 또는 우리말로 토론하며 책의 내용을 재구성해 보세요.

픽처 텔링 카드

특별부록으로 **16장의 이야기 그림 카드**가 맨 뒷장에 있어 한 장씩 뜯어서 활용이 가능합니다. 순서에 맞게 그림을 배열하고 이야기 말하기를 해 보세요.

 QR코드 영상을 통해 새벽달님과 이현석 선생님이 이 책을 활용하는 가장 좋은 방법을 직접 설명해 드립니다!

Contents

Level 1

Peach Boy

✦•❱• 복숭아 소년 •❰•✦

Key Vocabulary

- [ ] **island** 섬
- [ ] **crash** 부수다
- [ ] **jewel** 보석
- [ ] **dumpling** (고기 등을 넣은) 만두
- [ ] **scared** 무서워하는
- [ ] **brave** 용감한
- [ ] **yell** 외치다, 소리치다
- [ ] **bark** 짖다
- [ ] **hooray** 만세
- [ ] **cheer** 환호하다
- [ ] **villager** 마을 사람
- [ ] **sail** 배를 타고 가다, 항해하다
- [ ] **calm** 잔잔한
- [ ] **hug** 껴안다, 포옹하다

Once upon a time, there was an old woman.

She went to a river.

She saw a big peach.

"Wow, it is so big!" she said.

She took the peach home.

"Look at this!" she said.
Her husband was happy.
"Let's open it!" he said.
There was a baby!
"Hi there!" he said.

The old couple smiled.
They named the baby Peach Boy.
Peach Boy got big and strong.
He was a very nice person, too.

One day, Peach Boy saw bad monsters.

They were from an island far away.

They crashed things.

They stole jewels.

"I will stop them!" said Peach Boy.

His mom made special dumplings.
"Eat these and be strong," she said.
Peach Boy took them and left.

On the road, he saw a dog.

"Where are you going?" the dog asked.

"I am going to an island.

I will fight the monsters," said Peach Boy.

"I want to help. But I am hungry," said the dog.

"Here, eat this," said Peach Boy.

He gave a dumpling to the dog.

They became friends.

A monkey saw them.

"Can I come?" asked the monkey.

"Sure. Here, eat this dumpling," said Peach Boy.

The monkey ate the dumpling.

And the monkey followed Peach Boy and the dog.

They walked more.

A bird flew down.

"I want to help," said the bird.

"Come with us," Peach Boy said.

He gave a dumpling to the bird.

Now, they were a team.
"Let's fight the monsters!" they said.

They walked to the big blue sea.
They saw big waves.

"Do not be scared," said Peach Boy.
"We will win," he said.
And the team felt brave.

They found a boat.

They all got on the boat.

"Let's go to the monsters' island!" said Peach Boy.

The waves were big.

But the team was brave.

They saw the island.
The monsters lived there.
"We are here!" said Peach Boy.
The team got off the boat.

The monsters saw them.
Roarrr! the monsters yelled.
They were big and scary.
But Peach Boy was not scared.

"Let's fight them!" he cried.
The dog barked loudly.
The monkey danced around.
The bird flew high.

They all fought the monsters.
It was a big fight.
The monsters were very strong.

Peach Boy and his friends were stronger.
The dumplings made them very strong.
They pushed and fought.

Then, the monsters lost!
They ran away.
They were scared.
"Hooray!" cheered the team.
They won the fight.

Peach Boy found the jewels.

"Let's take these back," he said.

"The villagers will be happy."

Peach Boy and his friends sailed back home.

The sea was calm now.

The team was tired.

But they were all smiling.

They came home safely.
Peach Boy saw the old couple.
"We did it!" said Peach Boy.
The old couple hugged him.
"We are so proud!" they said.

The village had a big party.
They thanked Peach Boy and his friends.
"You are our hero!" they cheered.
Peach Boy was happy.

He now had new friends.
A dog, a monkey, and a bird.
"We are a great team," he said.
They laughed together.

From then on, the village was peaceful.
The monsters never came back.
Peach Boy was always strong and kind.
He always remembered his adventure.

◆ Peach Boy

Once upon a **time**, **/** there was an **old wo**man.
She **went** to a **ri**ver.
She **saw** a big **peach**.
"**Wow**, **/** it is so **big**!" **/** she said.
She **took** the **peach** home.

"**Look** at **this**!" **/** she said.
Her **hus**band was **hap**py.
"Let's **o**pen it!" **/** he said.
There was a **ba**by!
"**Hi** there!" **/** he said.

The **old cou**ple **/ smi**led.
They **na**med the **ba**by **/ Peach** Boy.
Peach Boy got **big /** and **strong**.
He was a **ve**ry **ni**ce **per**son, too.

One day, **/ Peach** Boy **/ saw bad mon**sters.
They were from an **is**land **/ far a**way.
They **crash**ed things.
They **stole je**wels.
"I will **stop** them!" **/** said **Peach** Boy.

◆ 복숭아 소년

옛날 옛적에, 한 노파가 있었습니다.
노파는 강으로 갔습니다.
노파는 커다란 복숭아 하나를 보았어요.
"와, 복숭아가 참 크네!" 노파가 말했습니다.
노파는 그 복숭아를 집으로 가져갔습니다.

"이것 좀 봐요!" 노파가 말했습니다.
노파의 남편은 기뻤습니다.
"복숭아를 열어 보도록 하죠!" 그가 말했습니다.
그 안에는 아기가 있었어요!
"아가야, 안녕!" 노파의 남편이 말했습니다.

노부부는 미소를 지었습니다.
그들은 아기에게 복숭아 소년이라는 이름을 지어 주었어요.
복숭아 소년은 크고 튼튼하게 자랐습니다.
복숭아 소년은 또한, 착한 아이였어요.

어느 날, 복숭아 소년은 나쁜 요괴들을 보았습니다.
요괴들은 머나먼 섬에서 왔어요.
그들은 물건들을 부쉈습니다.
그리고 보석들을 훔치기도 했어요.
"내가 요괴들을 막겠어!" 복숭아 소년이 말했습니다.

His **mom** / made **spe**cial **dum**plings.

"**Eat** these / and be **strong**," / she said.

Peach Boy **took** them / and **left**.

On the **road**, / he saw a **dog**.

"**Where** are you **go**ing?" / the **dog** asked.

"I am **go**ing to an **is**land. / I will **fight** the **mon**sters," / said **Peach** Boy.

"I **want** to **help**. / But I am **hun**gry," / said the **dog**.

"**Here**, / **eat** this," / said **Peach** Boy.

He **gave** a **dum**pling / to the **dog**.

They be**ca**me **fri**ends.

A **mon**key **saw** them.

"Can I **come**?" / asked the **mon**key.

"**Sure**. / Here, / **eat** this **dum**pling," / said **Peach** Boy.

The **mon**key **ate** the **dum**pling.

And the **mon**key **fol**lowed **Peach** Boy / and the **dog**.

They **walk**ed more.

A **bird** flew **down**.

"I **want** to **help**," / said the **bird**.

"**Come** with us," / **Peach** Boy said.

He **gave** a **dum**pling / to the **bird**.

28

복숭아 소년의 어머니는 특별한 만두들을 만들었습니다.
"이것들을 먹고 강해지거라." 그녀가 말했어요.
복숭아 소년은 만두를 받아들고 떠났습니다.

길 위에서, 복숭아 소년은 개 한 마리를 보았습니다.
"너는 어디로 가고 있니?" 개가 물었습니다.
"나는 섬으로 가고 있어. 나는 요괴들과 싸울 거야." 복숭아 소년이 말했어요.
"나도 돕고 싶어. 하지만 나는 배가 고파." 개가 말했습니다.
"여기, 이것을 먹어." 복숭아 소년이 말했습니다.
그는 개에게 만두 하나를 주었어요.
그들은 친구가 되었습니다.

원숭이 한 마리가 그들을 보았습니다.
"나도 같이 가도 될까?" 원숭이가 물었어요.
"물론이지. 여기, 이 만두를 먹어." 복숭아 소년이 말했습니다.
원숭이는 만두를 먹었습니다.
그리고 원숭이는 복숭아 소년과 개를 따라나섰습니다.

그들은 더 많이 걸었습니다.
새 한 마리가 내려앉았습니다.
"나도 돕고 싶어." 새가 말했어요.
"우리와 같이 가자." 복숭아 소년이 말했습니다.
그는 새에게 만두 하나를 주었어요.

Now, / they were a **team**.

"Let's **fight** the **mon**sters!" / they said.

They **walk**ed / to the **big** blue **sea**.

They **saw big wa**ves.

"Do **not** be **sca**red," / said **Peach** Boy.

"We will **win**," / he said.

And the team **felt bra**ve.

They **found** a **boat**.

They **all** / got on the **boat**.

"Let's **go** to the **mon**sters' **is**land!" / said **Peach** Boy.

The **wa**ves were **big**.

But the **team** was **bra**ve.

They **saw** the **is**land.

The **mon**sters **li**ved there.

"We are **here**!" / said **Peach** Boy.

The **team** got **off** the **boat**.

The **mon**sters **saw** them.

Roarrr! / the **mon**sters yelled.

They were **big** / and **sca**ry.

But **Peach** Boy / was **not sca**red.

이제, 그들은 한 팀이었습니다.
"요괴들과 싸우자!" 그들이 말했어요.

그들은 크고 푸른 바다로 걸어갔습니다.
그들은 커다란 파도를 보았습니다.

"무서워하지 마." 복숭아 소년이 말했습니다.
"우리는 이길 거야." 그가 말했어요.
그리고 복숭아 소년의 팀은 용감한 기분이 들었어요.

그들은 작은 배를 발견했습니다.
그들은 모두 배에 탔어요.
"요괴들의 섬으로 가자!" 복숭아 소년이 말했습니다.
파도는 거대했습니다.
하지만 그들은 용감했어요.

그들은 섬을 보았습니다.
요괴들이 그곳에 살았어요.
"도착했다!" 복숭아 소년이 말했습니다.
복숭아 소년의 팀은 배에서 내렸습니다.

요괴들이 그들을 보았습니다.
으르렁! 요괴들이 외쳤습니다.
요괴들은 크고 무서웠습니다.
하지만 복숭아 소년은 무서워하지 않았어요.

"Let's **fight** them!" **/** he cried.

The **dog** **/** **bark**ed **loud**ly.

The **mon**key / danced a**round**.

The **bird** / flew **high**.

They **all** / **fought** the **mon**sters.

It was a **big fight**.

The **mon**sters were **ve**ry **strong**.

Peach Boy and his **frie**nds / were **stron**ger.

The **dum**plings / **made** them **very strong**.

They **push**ed and **fought**.

Then, / the **mon**sters **lost**!

They ran a**way**.

They were **sca**red.

"Hoo**ray**!" / **cheer**ed the **team**.

They **won** the **fight**.

Peach Boy **found** the **je**wels.

"Let's **take** these **back**," / he said.

"The **vil**lagers / will be **hap**py."

"요괴들과 싸우자!" 복숭아 소년이 소리쳤습니다.
개는 큰 소리로 짖었습니다.
원숭이는 이리저리 움직였습니다.
새는 높이 날았어요.

그들은 모두 요괴들과 싸웠습니다.
커다란 싸움이 벌어졌습니다.
요괴들은 매우 강했어요.

복숭아 소년과 그의 친구들은 더 강했습니다.
만두가 그들을 아주 강하게 만들었어요.
그들은 밀치며 싸웠습니다.

이윽고, 요괴들이 패배했습니다!
요괴들은 달아났습니다.
그들은 겁을 먹었어요.
"만세!" 복숭아 소년의 팀이 환호했습니다.
그들은 싸움에서 이겼어요.

복숭아 소년은 보석들을 찾았습니다.
"이 보석들을 다시 가져가자." 그가 말했습니다.
"마을 사람들이 기뻐할 거야."

Peach Boy and his **fri**ends / **sail**ed **back** home.
The **sea** was **calm** now.
The **team** was **ti**red.
But they were **all** / **smi**ling.

They came **home** / **sa**fely.
Peach Boy / **saw** the **old cou**ple.
"We **did** it!" / said **Peach** Boy.
The **old cou**ple **hug**ged him.
"We are **so proud**!" / they said.

The **vil**lage / had a **big par**ty.
They **thank**ed **Peach** Boy / and his **fri**ends.
"You are our **he**ro!" / they **cheer**ed.
Peach Boy was **hap**py.

He **now** / had **new fri**ends.
A **dog**, / a **mon**key, / and a **bird**.
"We are a **great team**," / he said.
They **laugh**ed to**ge**ther.

From then on, / the **vil**lage was **peace**ful.
The **mon**sters never came **back**.
Peach Boy was **al**ways strong and kind.
He **al**ways re**mem**bered his ad**ven**ture.

복숭아 소년과 그의 친구들은 배를 타고 집으로 돌아갔습니다.
이제 바다는 잔잔했습니다.
복숭아 소년의 팀은 피곤했어요.
하지만 그들은 모두 미소를 짓고 있었습니다.

그들은 안전하게 집에 왔습니다.
복숭아 소년은 노부부를 보았어요.
"우리가 해냈어요!" 복숭아 소년이 말했습니다.
노부부는 그를 안아 주었습니다.
"우리는 정말 자랑스럽구나!" 그들이 말했어요.

마을 사람들은 큰 잔치를 열었습니다.
그들은 복숭아 소년과 그의 친구들에게 고마움을 표했습니다.
"당신들은 우리의 영웅이에요!" 그들이 환호했습니다.
복숭아 소년은 행복했어요.

복숭아 소년에게는 이제 새 친구들이 생겼습니다.
개, 원숭이, 그리고 새 말이에요.
"우리는 훌륭한 팀이야." 복숭아 소년이 말했습니다.
그들은 함께 웃었습니다.

그 후로, 마을은 평화로웠습니다.
요괴들은 다시는 돌아오지 않았어요.
복숭아 소년은 항상 강하고 친절했습니다.
그는 영원히 자신의 모험을 기억했답니다.

Part 1 ◆ p.8~15

open, peach, baby

monsters, crash, jewels

stop, mom, dumplings

dog, help, friends

team, boat, wave

yell, bark, fight

strong, scared, hooray

villagers, hero, cheer

Summary

jewels   friends   named   monsters   found

Once, an old woman _____ a big peach and took

it home. Inside was a baby, _____ Peach Boy. He

grew up and wanted to stop bad _____. He made

_____ with a dog, a monkey, and a bird. And they all went

to fight the monsters. They won, brought back _____ ,

and everyone was happy.

Memo

1 ◆ Peach Boy made new friends during his adventures. Is making friends difficult or easy for you? If you know any tips for making new friends, please share them.

복숭아 소년은 모험을 하면서 새로운 친구들을 사귀었어요. 여러분은 친구를 사귀는 것이 어렵나요, 아니면 쉬운가요? 새로운 친구를 사귀는 여러분만의 비결이 있다면 함께 나눠 주세요.

2 ◆ Peach Boy generously shared his dumplings with the animals he met. Have you ever shared something you loved with a friend? Or have you ever been touched when a friend gave you something they loved? What was it, and what did that experience mean to you? How did it make you feel?

복숭아 소년은 만나는 동물들에게 가지고 있던 만두를 아낌없이 나눠 주었어요. 여러분은 혹시 아끼는 것을 친구와 나눈 적이 있나요? 아니면 친구가 여러분에게 아끼는 것을 주어서 감동한 적이 있나요? 그것은 무엇이었고, 그 경험은 여러분에게 어떤 의미로 남았나요? 그때 여러분은 어떤 기분이었나요?

낭독하는 명작동화 Level 1
Peach Boy

초판 1쇄 발행 2024년 8월 1일

지은이 새벽달(남수진) 이현석 롱테일 교육 연구소
책임편집 강지희 | **편집** 명채린 홍하늘
디자인 박새롬 | **그림** 오승만
마케팅 두잉글 사업본부

펴낸이 이수영
펴낸곳 롱테일북스
출판등록 제2015-000191호
주소 04033 서울특별시 마포구 양화로 113, 3층(서교동, 순흥빌딩)
전자메일 team@ltinc.net
롱테일북스는 롱테일㈜의 출판 브랜드입니다.

ISBN 979-11-93992-12-8 14740

Peach Boy

2

새벽달 X 이현석 낭독스쿨

Peach Boy

1

새벽달 X 이현석 낭독스쿨

Peach Boy

4

새벽달 X 이현석 낭독스쿨

Peach Boy

3

새벽달 X 이현석 낭독스쿨

Peach Boy

6

새벽달 X 이현석 낭독스쿨

Peach Boy

5

새벽달 X 이현석 낭독스쿨

Peach Boy

8

새벽달 X 이현석 낭독스쿨

Peach Boy

7

새벽달 X 이현석 낭독스쿨

Peach Boy

10

새벽달 X 이현석 낭독스쿨

Peach Boy

9

새벽달 X 이현석 낭독스쿨

Peach Boy

12

새벽달 X 이현석 낭독스쿨

Peach Boy

11

새벽달 X 이현석 낭독스쿨

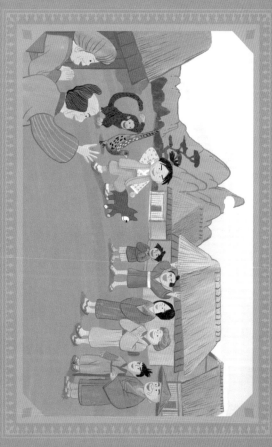

Peach Boy

14

새벽달 X 이현석 낭독스쿨

Peach Boy

13

새벽달 X 이현석 낭독스쿨

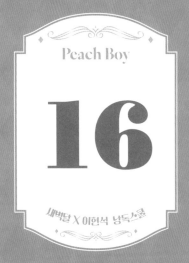

Peach Boy

16

새벽달 X 이현석 낭독스쿨

Peach Boy

15

새벽달 X 이현석 낭독스쿨